NOTICE POPULAIRE

SUR

LES SAINTES ÉPINES

Conservées dans l'Église paroissiale

DE

SAINT-PIERRE D'ALBIGNY

(SAVOIE)

Par l'Abbé C. M.

CHAMBÉRY

IMPRIMERIE SAVOISIENNE, 5, RUE DU CHATEAU

—

1893

NOTICE POPULAIRE

SUR

LES SAINTES ÉPINES

Conservées dans l'Église paroissiale

DE

SAINT-PIERRE D'ALBIGNY

(SAVOIE)

Par l'Abbé C. M.

CHAMBÉRY

IMPRIMERIE SAVOISIENNE, 5, RUE DU CHATEAU

—

1893

En préparation :

LES

SAINTES ÉPINES

DE

SAINT-PIERRE D'ALBIGNY (Savoie)

(HISTORIQUE ET DOCUMENTS)

IMPRIMATUR :

Camberii, die 2ª maii 1893.

RAMAZ,

Vicaire général.

NOTICE POPULAIRE

SUR

LES SAINTES ÉPINES

CHAPITRE Iᵉʳ

Les Saintes Épines à Saint-Pierre d'Albigny. — Leur histoire jusqu'à la Révolution française.

Au temps des Croisades, des milliers de chrétiens accouraient vers l'Orient, afin de prier dans les lieux témoins des souffrances et de l'agonie de Jésus et d'y vénérer les instruments de sa douloureuse Passion.

Fils des Croisés, n'aurions-nous pas les mêmes aspirations ?

C'est mus, sans doute, par de tels sentiments que, chaque année, des pèlerins nombreux se dirigent vers la Palestine ! Et nous qui ne pouvons les suivre sur ces plages lointaines, à cause des fatigues qu'il faut endurer ou à défaut de ressources, ne pourrons-nous coller avec amour nos lèvres sur quelqu'une des reliques précieuses de la Passion de l'Homme-Dieu ?

Oui, nous avons ici, tout près de nous, au sein de notre chère Savoie, dans l'église paroissiale de Saint-Pierre d'Albigny, deux Épines de la Couronne du Sauveur, apportées à l'époque de la seconde Croisade par l'illustre seigneur Geoffroy de Miolans.

Celui-ci avait entendu la parole de saint Bernard, et, au récit des maux qui accablaient nos frères de l'Orient, il avait pris la croix en même temps qu'Amédée III, comte de Maurienne, qui échangea ce titre en celui de comte de Savoie (1108).

Ces puissants seigneurs avaient été également entraînés vers Jérusalem par le départ de l'empereur Conrad III, dont ils étaient les vassaux immédiats.

Geoffroy de Miolans rapporta des saints lieux trois Épines de la sainte Couronne et les déposa pieusement dans la chapelle de son château, où elles restèrent jusqu'en 1551.

A cette date, la famille de Miolans touchait à sa fin. Claudine, veuve du comte de Saint-Vallier, quitta le manoir de ses ancêtres et vint s'établir au bourg de Saint-Pierre d'Albigny, dans les bâtiments attenant à l'église du couvent des Frères Ermites de Saint-Augustin, fondé par Jean, fils d'Anthelme de Miolans, en 1381.

C'est alors que malgré les protestations de son rrère Gabriel, curé de la paroisse de Saint-Étienne de Miolans, elle descendit les Saintes Épines dans l'église des religieux. Une requête, adressée par Gabriel au Sénat de Savoie le 21 novembre 1551, n'eut d'autre effet que de maintenir sa sœur dans la possession des reliques qui lui étaient si chères.

Dès lors les Saintes Épines restèrent au couvent des Pères Augustins, où elles occupaient la chapelle située à gauche du chœur, tout près de la sacristie. C'est là qu'elles demeurèrent, sans contestation, jusqu'à la fin du procès de succession de Claudine de Miolans, veuve de Saint-Vallier.

A cette époque, M. le marquis de Saint-Chamond, proclamé héritier de Claudine, réclama aux Pères Augustins les Saintes Épines, jadis propriété de ses ancêtres. Les religieux refusèrent de faire droit à sa demande et opposèrent à M. de Saint-Chamond leur titre de longue et paisible possession, et la donation faite par sa parente Mme de Saint-Vallier.

Devant ce refus, l'héritier des de Miolans se contenta d'exiger une seule des Saintes Épines, mais tous ses efforts furent vains, il ne put rien obtenir.

Sur ces entrefaites, il s'adressa au légat en France du pape Urbain VIII.

Celui-ci écrivit à l'évêque de Grenoble, duquel dépendaient Saint-Pierre d'Albigny et Miolans, pour lui enjoindre d'employer tous les moyens possibles afin d'amener les religieux à céder à M. de Saint-Chamond au moins une des Saintes Épines.

Les Pères Augustins furent sourds aux injonctions de l'évêque de Grenoble aussi bien qu'aux sollicitations et aux menaces du marquis.

Profitant alors de sa position d'ambassadeur du roi de France près des Cours de Rome et de Turin, M. de Saint-Chamond obtint du pape Urbain VIII un bref daté du 2 septembre 1625, par lequel il était ordonné à Mgr Pierre Scarron, évêque de Grenoble, d'envoyer chez les Pères Augustins de Saint-Pierre d'Albigny un député choisi dans son clergé, lequel devait s'emparer d'une des Saintes Épines et la remettre à l'archevêque de Lyon. Celui-ci était ensuite chargé de la faire parvenir à M. de Saint-Chamond.

Pour donner plus de force au bref du pape, le marquis demanda une lettre d'approbation à Charles-Emmanuel, duc de Savoie. Le prince, en effet, écrivit aux Pères Augustins, le 8 mai 1627, d'avoir à restituer à M. de Saint-Chamond une des trois Saintes Épines, conservées dans leur chapelle, « lorsqu'il fera aparoir du consentement du pape pour la retirer. »

Craignant un nouveau refus, M. de Saint-Chamond accompagna, avec une suite nombreuse, au couvent des Pères Augustins de Saint-Pierre d'Albigny, M. le chanoine Dufaure, official du diocèse de Grenoble, porteur du bref du pape Urbain VIII.

M. le chanoine Chambeyron, aumônier de l'église Sainte-Barbe, à Saint-Chamond (Loire), et plusieurs autres personnages se joignirent à eux.

Ils arrivèrent au bourg de Saint-Pierre d'Albigny le mercredi 12 mai 1627, et le lendemain matin, fête de l'Ascension de N. S. Jésus-Christ, ils se rendirent tous ensemble chez les Pères Augustins et demandèrent à vénérer les Saintes Épines.

Les religieux ne se doutant pas de ce qui allait arriver, et probablement intimidés par la présence de l'official du diocèse, accédèrent au désir des prétendus pèlerins et se rendirent à l'église pour exposer les saintes reliques et les faire vénérer.

Le Père Prieur, en chape, accompagné de deux religieux sortit les Saintes Épines de l'armoire où elles étaient renfermées, et les déposa sur l'autel.

M. le chanoine Dufaure s'avance alors vers les religieux et leur fait lecture du bref du pape Urbain VIII, et de l'ordonnance de l'évêque de Grenoble, prescrivant aux Pères Augustins de céder à M. de Saint-Chamond une des Saintes Épines.

Celui-ci s'avance à son tour et donne lecture de la lettre du duc de Savoie.

Le Père Prieur emporte le reliquaire, l'official et le marquis s'y opposent ; une lutte s'engage entre les religieux et l'official, M. de Saint-Chamond et sa suite.

Un des Pères court à la cloche et sonne le tocsin. La foule s'ameute et prend la défense des religieux. Au milieu de ce désordre, le reliquaire de cristal tombe et se brise. M. le chanoine Dufaure en profite pour saisir furtivement une des Saintes Épines qu'il place aussitôt dans un étui d'ivoire apporté à cet effet.

En possession de ce trésor, M. de Saint-Chamond et ses gens parviennent à se dégager des mains de la foule irritée et ils reprennent à la hâte le chemin de leur pays.

M. Dufaure s'empresse de dresser procès-verbal

de cet enlèvement et remet la précieuse relique à M. le chanoine Chambeyron, délégué par l'archevêque de Lyon et chargé de la transporter au château de Saint-Chamond.

Le marquis, à force d'intrigues et de ruses, avait obtenu ce qu'il désirait depuis si longtemps ; mais quel que fût son bonheur, il ne pouvait oublier le refus obstiné des religieux et les mauvais traitements auxquels lui et les siens avaient été en butte à Saint-Pierre d'Albigny. Pour s'en venger, il intenta, devant le Sénat de Savoie, un procès aux Pères Augustins, leur demandant encore, comme un bien de famille, les deux Saintes Epines qui leur restaient.

Le procès durait depuis sept ans et les pauvres religieux, réduits à leurs seules ressources depuis l'extinction de la famille de Miolans, n'avaient pas les moyens suffisants pour continuer à revendiquer leurs droits.

Le couvent tombait en ruines. Dans cette situation, ils résolurent d'implorer la clémence de M. de Saint-Chamond et de le prier de les laisser en possession des deux Saintes Épines qu'il leur réclamait. Le Prieur, accompagné de plusieurs religieux, se rendit auprès du marquis, tous se jetèrent à ses pieds, le conjurant de leur pardonner et de mettre fin au procès. Touché de cette démarche, M. de Saint-Chamond accéda à leur vœu et signa, le 29 juillet 1634, une transaction aux termes de laquelle il leur abandonnait à perpétuité les deux Saintes Épines laissées à Saint-Pierre d'Albigny, ajoutant à cela diverses largesses en faveur de leur couvent.

A dater de cette époque, les habitants de Saint-Pierre d'Albigny organisèrent un corps d'élite destiné à veiller sur les Saintes Épines et à leur former une garde d'honneur.

Ce petit corps portait le nom de Basoche. Il était composé des jeunes gens choisis dans les familles de la localité « les plus distinguées, soit par les vertus, soit par la richesse et la probité tout ensemble. » Le plus digne d'entre eux était élu chef et portait le nom d'abbé de la Basoche. Il y avait également un sous-abbé, quatre officiers, quatre sergents, un porte-enseigne, une ordonnance et deux canonniers. Ils avaient un costume rappelant un peu celui des chevaliers du moyen-âge. L'abbé et le sous-abbé portaient l'épée, les officiers l'esponton, les gardes étaient armés d'une hallebarde.

Les jours où les Saintes Épines étaient exposées, les membres de la Basoche les entouraient en armes ; lorsqu'elles étaient portées en procession, ils les accompagnaient et venaient ensuite les vénérer après les avoir salué de leurs armes. Le corps de la Basoche fonctionna ainsi jusqu'en 1792 [1].

Les Saintes Épines ayant été cachées jusqu'en 1803, leur garde d'honneur disparut pour s'organiser de nouveau le 10 avril de la même année. La Basoche fut ensuite remplacée par le corps des pompiers.

[1] Voir l'intéressante brochure publiée dernièrement par M. J. GUIGUES : *La Basoche de Saint-Pierre d'Albigny.*

CHAPITRE II

**La Révolution française et les Saintes Épines.
— Fêtes des Saintes Épines.**

Jusqu'aux jours de la Révolution, les Saintes Épines furent précieusement conservées dans l'église des Pères Augustins. La Savoie alors est envahie ; les religieux, fuyant devant la persécution, quittent leur couvent pour n'y plus revenir. Les prêtres prennent le chemin de l'exil et de l'échafaud. D'autres, plus heureux, se cachent dans des endroits retirés pour veiller encore sur leur troupeau.

La population tout entière de Saint-Pierre d'Albigny veille sur les Saintes Épines et cherche comment elle pourra soustraire ce précieux trésor aux mains des profanateurs.

Les révolutionnaires avaient compté sans l'intelligence et l'esprit de foi qui animaient tous les habitants de ce pays privilégié, et en particulier ceux à qui étaient commis alors les intérêts de la commune.

M. François Armand, maire de Saint-Pierre d'Albigny, à qui était déjà confiée avant le départ des religieux l'une des clefs de l'armoire où étaient renfermées les Saintes Épines, réunit les membres de son Conseil, sur la loyauté et le courage desquels il peut compter. Il leur communique l'ordre qu'il vient de recevoir du gouvernement français de livrer tous les vases sacrés et objets d'or ou d'argent des églises de Saint-Pierre d'Albigny et de Saint-Etienne de Miolans pour être convertis en monnaie.

L'or et le sang : voilà ce qu'il faut aux révolutionnaires !

Comment soustraire le reliquaire de vermeil contenant les Saintes Épines aux maîtres de la Révolution ?

Chacun le connaît, et les menaces sont de nature à effrayer les plus audacieux ! Il faut donc le sacrifier, mais à tout prix on veut conserver les Saintes Épines. Le maire propose de les extraire et de les cacher durant la tourmente révolutionnaire. Tous acceptent la proposition. Aidé de ses adjoints, il prend les deux Saintes Épines, qu'il place sur du coton dans une boîte en fer-blanc.

La boîte est entourée d'une *chevillière* rouge, scellée avec de la cire de même couleur, portant l'empreinte du sceau de la mairie de Saint-Pierre d'Albigny. Ceci étant fait, on pratiqua une brèche dans la maison de M. Georges-Antoine Voisin, premier adjoint ; la boîte y fut déposée en présence du Conseil municipal, et la brèche fut immédiatement murée. Les Saintes Épines restèrent cachées de 1792 à 1803, c'est-à-dire pendant près de onze ans.

Le secret le plus absolu fut gardé par chacun des membres du Conseil.

Mais nous voici en 1803. La Révolution s'apaise, les sombres jours de la Terreur sont passés, les églises sont rendues au culte, la foule accourt y prier comme par le passé.

Ah ! on a appris par expérience combien la société a besoin de Dieu et de ses ministres. M. Jolivet est envoyé à Saint-Pierre d'Albigny par l'évêque de Chambéry pour y remplir les fonctions de curé.

La population entière réclame les Saintes Épines. Que sont-elles devenues pendant ces jours de deuil et de persécution ?

Alors les anciens membres du Conseil se réunissent et confient leur secret à M. Jolivet.

Celui-ci en écrit aussitôt à Mgr de Moustier de Mérinville, évêque de Chambéry, et, sur ses ordres, il réunit les membres survivants du Conseil de commune qui avaient caché les Saintes Épines, les conduit chez M. Georges-Antoine Voisin et fait procéder à l'ouverture du mur contenant les saintes reliques. Etaient présents : MM. François Armand, ex-maire ; Georges-Antoine Voisin ; Mollot, maire ; Sonnet, adjoint ; Geoffroy, notaire ; R[d] Fleury, curé de Saint-Jean de la Porte, et R[d] Jolivet, agissant comme curé de Saint-Pierre d'Albigny.

On constate l'identité de la boîte dont les ligatures et les sceaux sont intacts. Procès-verbal en est dressé sur-le-champ, signé par tous les témoins assermentés, et envoyé à l'évêque de Chambéry.

Après en avoir pris connaissance, celui-ci ordonna d'extraire les Saintes Épines de leur boîte de fer-blanc et de les placer dans un reliquaire convenable.

On exécuta les ordonnances de l'évêque, et les Saintes Épines furent renfermées dans un reliquaire d'argent surmonté d'un globe de cristal.

Le tout fut fermé par un ruban blanc scellé en quatre endroits avec de la cire rouge portant l'empreinte des sceaux de la mairie et de la judicature de paix.

Une ouverture fut pratiquée dans la pierre de la colonne située à gauche du chœur, tout près de l'autel, et on y déposa les Saintes Épines. Elles occupèrent cette place jusqu'en 1873, époque à laquelle, M. Alexis Clert-Biron fit don d'un bel autel en marbre blanc, destiné à les recevoir. Cet autel fut placé dans le transept, entre la colonne dont on vient de parler et la table de communion.

C'est là qu'elles se trouvent encore aujourd'hui. Mgr de Moustiers de Mérinville permit de les exposer à la vénération publique le 25 mars 1803.

Dès les premiers jours, les Saintes Épines furent entourées du même culte et du même respect qu'autrefois. De nombreux pèlerins vinrent, chaque année, se prosterner devant elles et les invoquer dans leurs besoins.

Deux fois l'an, elles sont exposées, à la vénération des fidèles et portées triomphalement à travers les rues du petit bourg de Saint-Pierre d'Albigny : le dimanche de la Passion et le Jeudi-Saint. De temps immémorial, ces deux jours leur sont consacrés.

Le dimanche de la Passion, en particulier, non seulement la population tout entière de Saint-

Pierre, le Petit-Séminaire et sa fanfare, mais encore des pèlerins viennent en grand nombre prendre part à la fête, et grossir les rangs de la procession qui se fait immédiatement après la messe solennelle.

Jusqu'ici le Conseil municipal en corps, M. le maire et ses adjoints, ont tenu à honneur de garder les nobles et pieuses traditions de leurs ancêtres et d'accompagner les saintes reliques.

Espérons que le culte des Saintes Épines prendra de l'extension à mesure qu'il sera plus connu.

Les habitants de Saint-Pierre d'Albigny verront accroître encore leur piété et leur confiance envers elles. Ils rediront à tous les nombreuses grâces de salut obtenues par les Saintes Épines et la protection toute-puissante dont ils ont été l'objet.

Chaque fois que la grêle ou la gelée menacent leurs vignes et leurs champs, c'est aux Saintes Épines qu'ils ont recours, et eux seuls peuvent dire combien de fois ils ont été exaucés[1]. Aussi ont-ils tenus à manifester leur reconnaissance envers elle en les plaçant en 1884 dans un splendide reliquaire, sorti des ateliers de M. Armand-Caillat, de Lyon, fruit de leur générosité.

---

[1] Le mardi 19 avril 1892, la neige était descendue jusqu'aux vignobles. Sur le soir, le ciel était serein et les vignes menacées de la gelée. A l'appel de la cloche, les fidèles accoururent à l'église aussi nombreux qu'aux plus grandes fêtes de l'année ; les Saintes Épines furent exposées à leur vénération. Leurs ferventes prières devaient être exaucées. Pendant la nuit le ciel se couvrit de nuages et la récolte fut épargnée.

Qu'ils se fassent maintenant les propagateurs de cette dévotion, et les pèlerins afflueront dans leur église.

Tous s'en iront de là encouragés et fortifiés et, chaque année, ils aimeront à revenir vénérer ce précieux mémorial de la Passion du Sauveur et demander à Dieu, par l'intercession des Épines de sa douloureuse Couronne, les grâces et les bénédictions dont ils auront besoin.

Chambéry. — Imprimerie Savoisienne, 5, rue du Château.

AUX SAINTES ÉPINES

Conservées et vénérées dans l'église paroissiale de Saint Pierre d'Albigny (Savoie.)

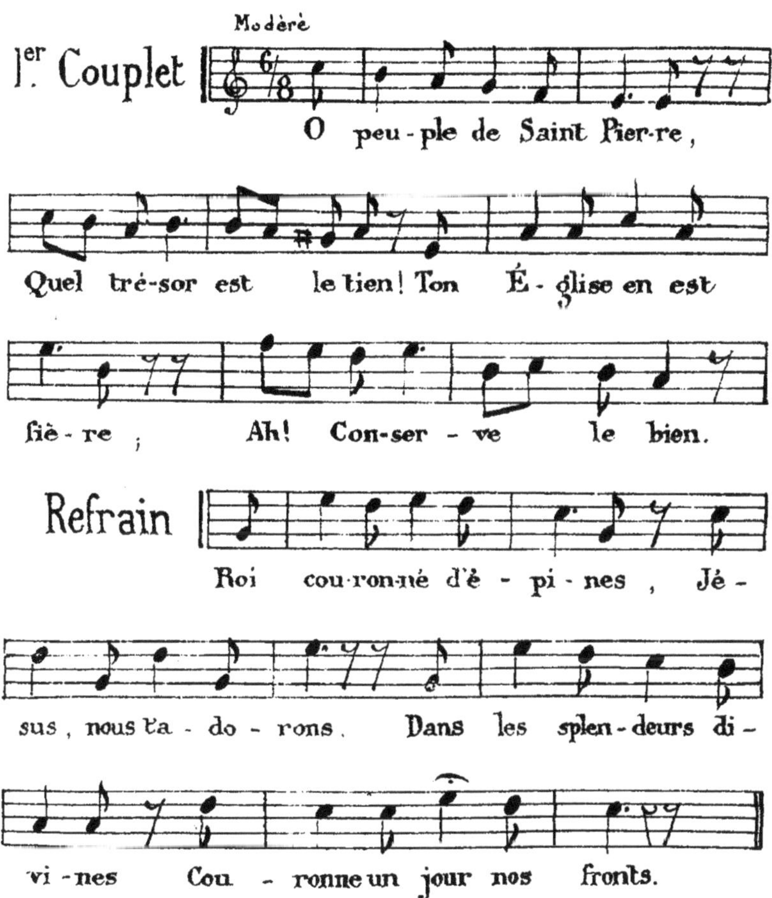

2

Les rois ceignent leur tête
D'or et de diamants ;
Mais ta couronne est faite,
Jésus, de dards sanglants.

3

Le buisson que Moïse,
Au désert, vit en feu
Rappelle et symbolise
Ta couronne, ô mon Dieu !

4

Des lames précieuses
Ceignaient l'arche jadis :
D'épines douloureuses
Dieu couronne son fils.

5

On parait les victimes
D'un bandeau bien fleuri ;
Et Jésus, pour nos crimes,
Offre son front meutri.

6

O couronne, mon âme
Salue en toi son fruit ;
C'est elle, terre infâme,
Hélas ! qui l'a produit.

7

Chaque épine est rougie
Du sang du divin roi ;
Chrétien, adore, prie,
Aime et convertis-toi.

8

Jésus, ton diadème
Est tressé de douleurs ;
Se peut-il que je t'aime
En me parant de fleurs ?

9

Muet, sous vos blessures,
Epines, Dieu souffrit :
Puissè-je sans murmures
Souffrir avec le Christ !

10

Ces épines, Marie,
De pleurs les arrosait,
Quand l'Homme-Dieu, sans vie,
Dans ses bras reposait.

11

Ce sanglant diadème
Entoure encor son cœur,
Pour montrer qu'au ciel même
Jésus reste Sauveur.

12

La couronne chancelle
Souvent au front des rois ;
La tienne est immortelle,
Seigneur, comme tes droits.

13

O cœur divin, pardonne
A ton peuple confus ;
Qu'il fasse ta couronne
Au séjour des élus.

14

Seigneur, que d'âge en âge
Ta couronne, en ces lieux,
Demeure l'héritage
De nos petits neveux !

15

Ce nouveau reliquaire,
De longs siècles encor,
Dira combien Saint Pierre
Estime son trésor.

Oraison de l'Église

En l'honneur des Saintes Épines.

O Dieu tout puissant ! faites-nous la grâce qu'en vénérant, sur la terre, la couronne d'épines de Notre Sauveur Jésus-Christ, souvenir de sa passion, nous méritions d'être couronnés au Ciel de gloire et d'honneur. Ainsi soit-il.